Libro sull'ansia e la preoccupazione per i bambini

Adrian Laurent

Tate the elf was known as the fastest elf. He could make 600 toys a minute and poop in a second.

Really, just one second. Cleanup and everything!

Questo libro appartiene a:

Sentirsi ansiosi è come sentirsi preoccupati o spaventati. Non è una bella sensazione. Quando ci sentiamo ansiosi, il cuore batte forte e le mani sudano. La testa è confusa e la pancia sembra fare le capriole. Vi siete mai sentiti così?

L'ansia può anche farci venire voglia di fare le cose in modo diverso. Come scappare e nascondersi da ciò che ci spaventa. Oppure ci fa sentire arrabbiati e desiderare di gridare, colpire o piangere.

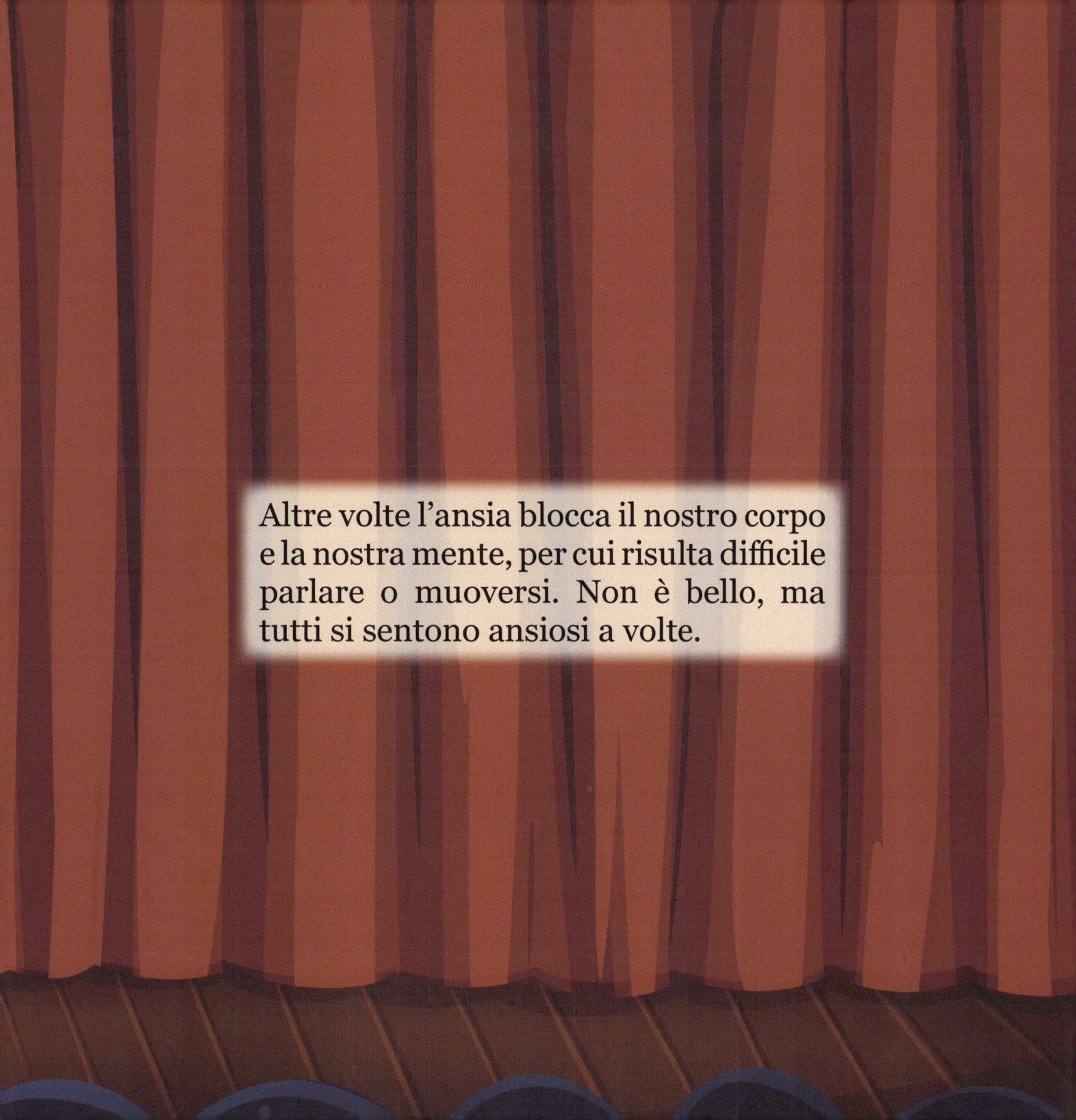

Altre volte l'ansia blocca il nostro corpo
e la nostra mente, per cui risulta difficile
parlare o muoversi. Non è bello, ma
tutti si sentono ansiosi a volte.

Molte cose possono farci sentire ansiosi. Diverse cose rendono ansiose persone diverse. Parlare o esibirsi di fronte ad altre persone, fare le cose per la prima volta o gli spazi affollati e trafficati sono spesso cose che fanno sentire le persone ansiose.

Questo può essere utile se siamo inseguiti da una tigre dai denti a sciabola! Ma di solito non siamo in reale pericolo. Il nostro cervello può commettere errori! Pensateci: parlare davanti alla nostra classe può davvero farci male? Fa paura, ma non può farci male.

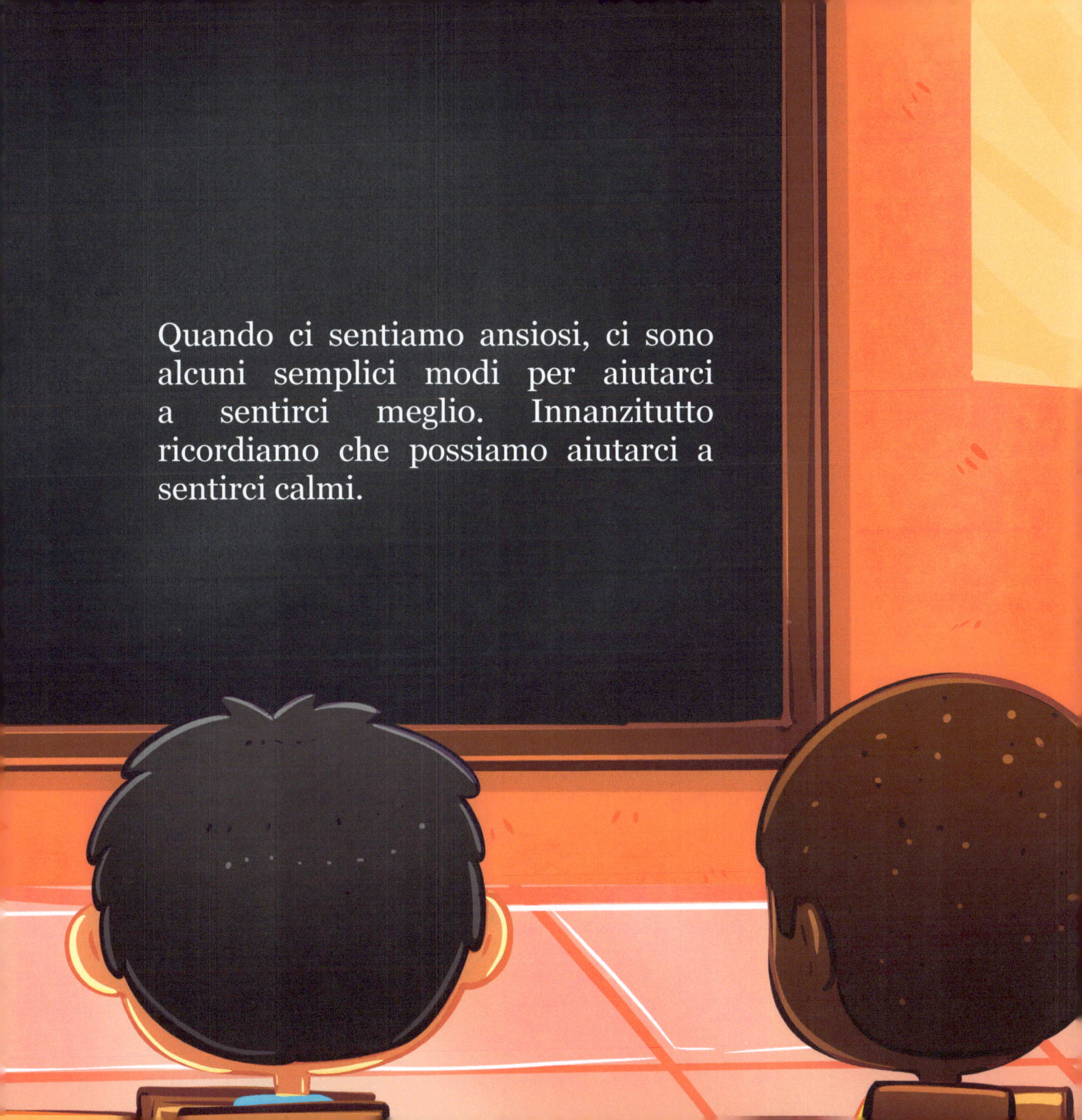

Quando ci sentiamo ansiosi, ci sono alcuni semplici modi per aiutarci a sentirci meglio. Innanzitutto ricordiamo che possiamo aiutarci a sentirci calmi.

Un altro modo per aiutare l'ansia è quello di allontanare la mente dalle preoccupazioni facendo qualcosa di divertente e interessante. Provate ad andare nel vostro luogo sicuro preferito e a disegnare, colorare o fare un puzzle. Possiamo anche parlare con qualcuno di cui ci fidiamo, come la mamma, il papà o l'insegnante.

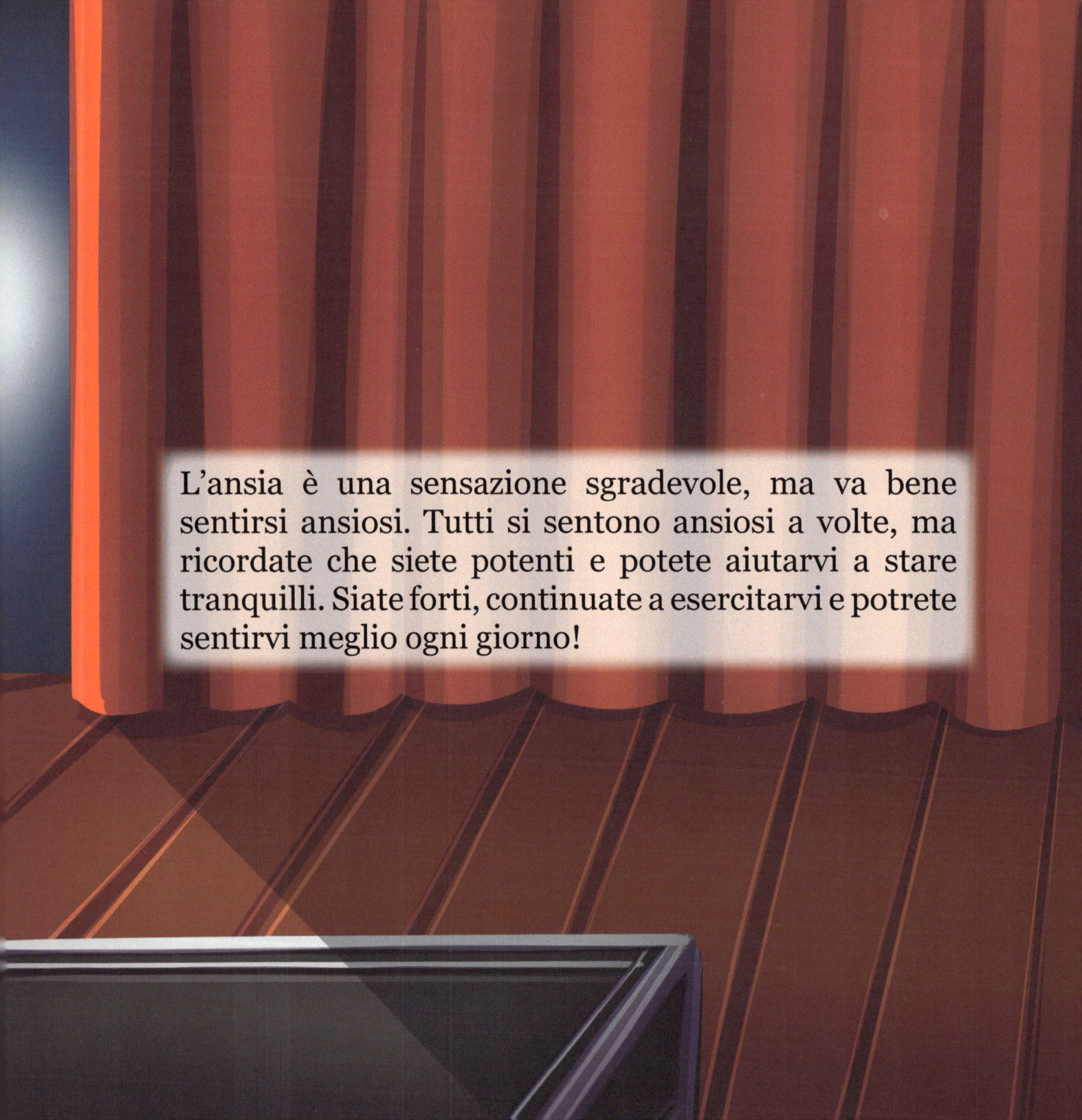

L'ansia è una sensazione sgradevole, ma va bene sentirsi ansiosi. Tutti si sentono ansiosi a volte, ma ricordate che siete potenti e potete aiutarvi a stare tranquilli. Siate forti, continuate a esercitarvi e potrete sentirvi meglio ogni giorno!

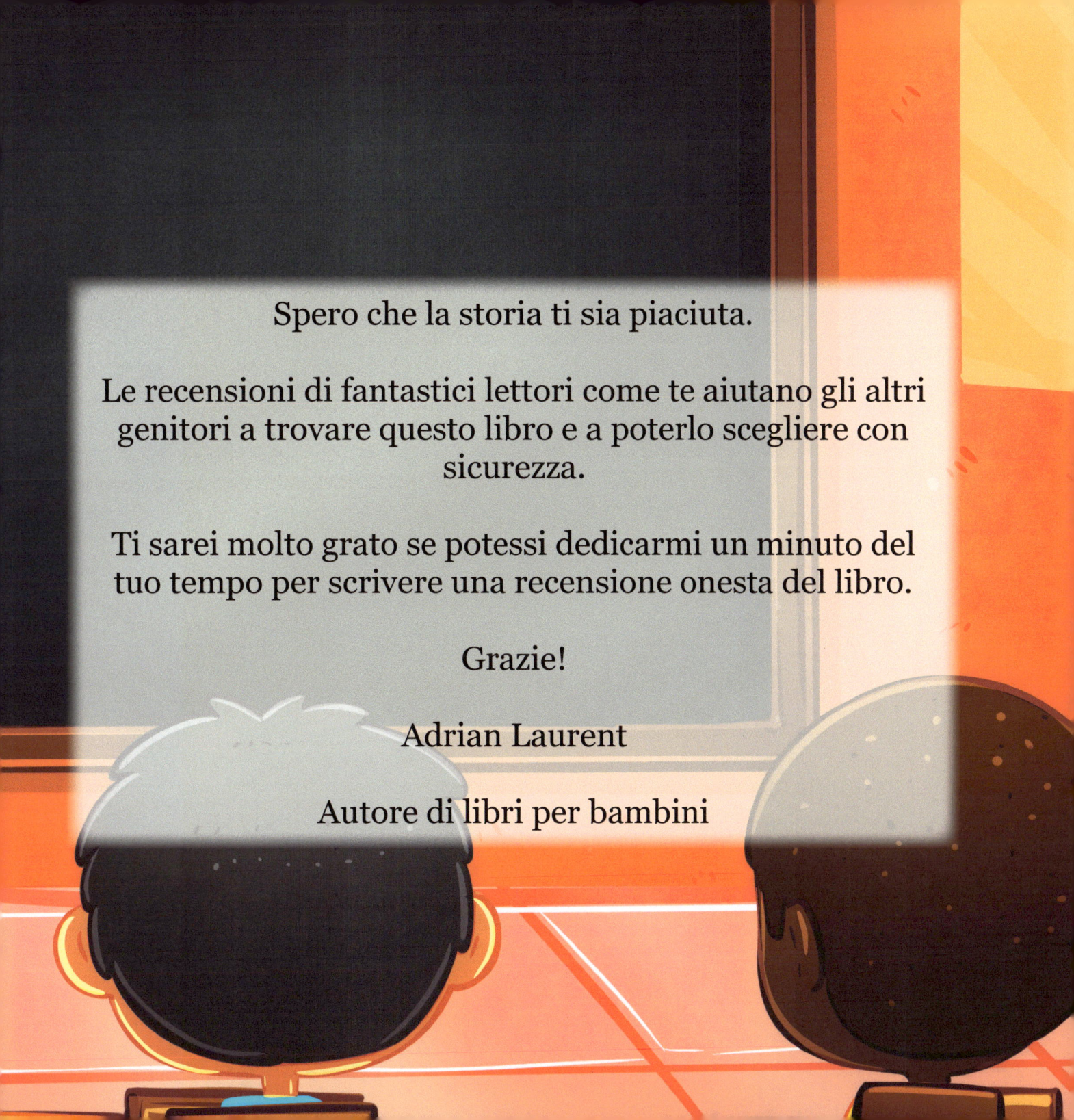

Spero che la storia ti sia piaciuta.

Le recensioni di fantastici lettori come te aiutano gli altri genitori a trovare questo libro e a poterlo scegliere con sicurezza.

Ti sarei molto grato se potessi dedicarmi un minuto del tuo tempo per scrivere una recensione onesta del libro.

Grazie!

Adrian Laurent

Autore di libri per bambini

CALMARE LA **RABBIA**
Provando Grandi Emozioni
Adrian Laurent

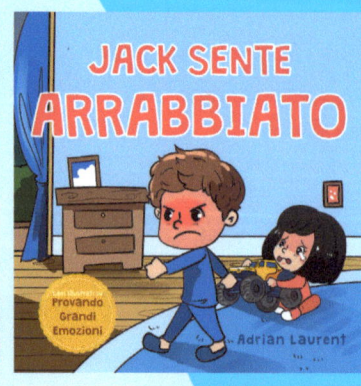

JACK SENTE **ARRABBIATO**
Provando Grandi Emozioni
Adrian Laurent

CRESCITA DI UNA **MENTALITÀ SOLIDA** PER BAMBINI
Adrian Laurent

LA STORIA DEL **CAPRICCIO** DI TIM DA BAMBINO
Provando Grandi Emozioni
Adrian Laurent

BASTA **PICCHIARE, TIM!**
Provando Grandi Emozioni
Adrian Laurent

LIBRO SULLA **SICUREZZA DEL CORPO** PER BAMBINI
Provando Grandi Emozioni
Adrian Laurent

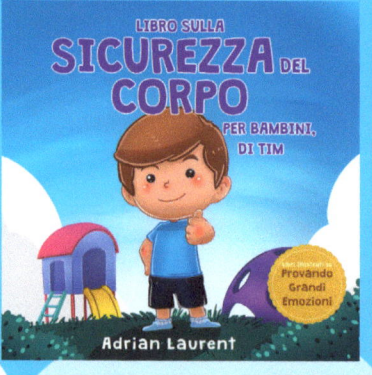

LIBRO SULLA **SICUREZZA DEL CORPO** PER BAMBINI, DI TIM
Provando Grandi Emozioni
Adrian Laurent

FRUSTRATO, ARRABBIATO E PAZZO
Adrian Laurent
Provando Grandi Emozioni

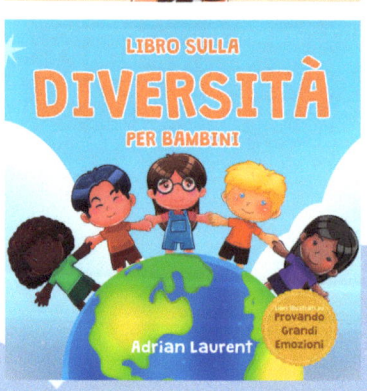

LIBRO SULLA **DIVERSITÀ** PER BAMBINI
Adrian Laurent
Provando Grandi Emozioni

LA **DIVERSITÀ** È IL NOSTRO **SUPERPOTERE**
Provando Grandi Emozioni
Adrian Laurent

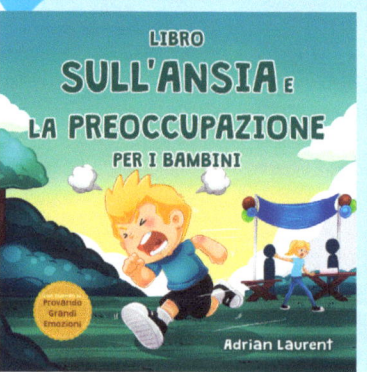

LIBRO **SULL'ANSIA E LA PREOCCUPAZIONE** PER I BAMBINI
Provando Grandi Emozioni
Adrian Laurent

POSSO **AIUTARE** LA MIA **ANSIA**
Provando Grandi Emozioni
Adrian Laurent

I CONFINI DEL **CORPO** E ME
Provando Grandi Emozioni
Adrian Laurent

Collezionali tutti

A volte ci sentiamo ansiosi ma non sappiamo perché. Quando questo accade, ci sono anche alcuni semplici accorgimenti per sentirci meglio. Un modo è quello di fare 3 respiri lenti e profondi, inspirando per 3 volte e poi espirando per 3 volte.

Possiamo anche concentrare la nostra attenzione su altre cose usando tutti i nostri 5 sensi: tatto, vista, gusto, ascolto e olfatto. Chiudete gli occhi e ascoltate. Cosa riuscite a sentire? Appoggiate le mani sul petto. Sentite come si muove ad ogni inspirazione ed espirazione del respiro?

Quando sappiamo cosa ci fa sentire ansiosi, possiamo scriverlo e metterlo in una scatola delle preoccupazioni. Possiamo poi scrivere un elenco di modi per risolvere la preoccupazione.

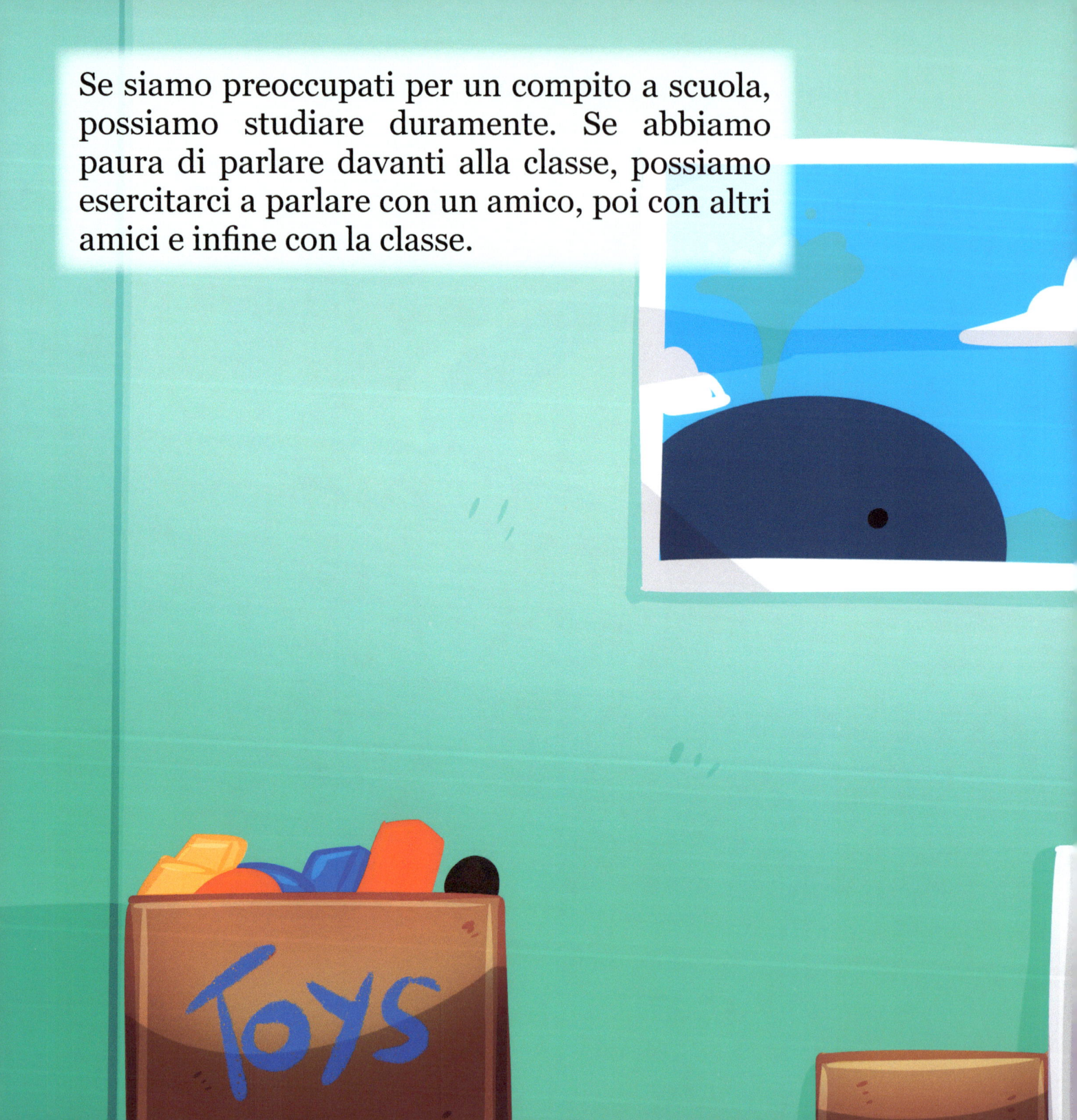

Se siamo preoccupati per un compito a scuola, possiamo studiare duramente. Se abbiamo paura di parlare davanti alla classe, possiamo esercitarci a parlare con un amico, poi con altri amici e infine con la classe.

Altre cose sono fare cose per la prima volta, come andare in una nuova scuola o incontrare nuove persone.

Perché ci sentiamo ansiosi? Bella domanda! Quando ci troviamo in una situazione nuova o in una sfida, il nostro corpo e il nostro cervello ci preparano al pericolo anche se in realtà è sicuro.